JN418867

산과 물의 발자국

산과 물의 발자국

이월춘 시집

문학의전당

自序

나는 언제 가슴을 두드려 뭉글뭉글 울리는 시를 써 보나,
그리하여 나는 언제 그 가슴을 찢는 시를 써 보나,
그러면서 살았는데 아직까지 가슴은커녕 옷만 찢고 있으니 참 한심합니다.
나는 어디에서 왔으며 지금은 어디에 있는가.
그리고 어디로 가고 있는가 질문만 던지다가
한 세월 다 보내는 거 아닌가 싶어 안달이 나기도 합니다.
무엇이나 저는 간절한 것이 좋습니다.
언제나 진지하게 살 필요는 없겠지만
진정성을 담은 안타까움과 애틋함이 없다면
제 시는 없습니다. 아니 저도 없습니다.
이렇게 다시 가을이 갑니다.
고마운 사람이 너무 많습니다.
이렇게 빚만 져도 되는 걸까요.

우리나라 사천삼백사십이 년
진해바다 물빛 이월춘

차례

1부

2부

3부

4부

1부

사이

가장 멀리 떨어져야
가장 멀리 날아가는 건
활시위와 화살의 사이다
과녁에 대한 그리움이 사무쳐
자지러질 때까지
그리하여 만물이 선명해질 때까지
충분히 기다려야
멀리서 온갖 꽃봉 터지는 소리 들린다
그대와 나의 사랑의 역설처럼

복개천 연가

혼자 울고 싶을 때
견딜 수 없이 서러울 때
아픔도 없이 온몸이 아파 응석을 부리고 싶을 때
겨울비의 옆구리처럼 추적추적 걸어서 가고 싶은 곳
진해역전 복개천 포장 술집, 홀로 흔들리는 백열등에게
시커멓게 멍든 가슴 보여주면
낙락장송落落長松, 밝고 따스한 그대를 만난다
저무는 세상의 한쪽을 붉게 물들이는 포장의 힘을 만난다
말로도 글로도 다 못할 그리움 때문에
끝도 없는 열망과 허방다리의 외로움 때문에
사는 게 하나같이 구불구불하다 여겨지면
저 잘난 세상쯤 가로등 불빛 아래 걸어두고
한 그루 소나무 같은 사람들을 만나
찬 소주 한 잔 달게 마신다
속천 바다 물소리도 함께 따라왔는지
슬그머니 내 옆자리에 갯내음을 앉히면
살아온 만큼 저물어가는 이 피안의 언덕에서
빈 가슴 가득 출렁이는 물소리 바람소리 들으며
어느새 나는 한 마리의 갈매기가 되어
끼룩끼룩 세상과 정이 들고 있었다

반야심경

경화오일장에서 나는 읽었네
부추 서너 단과 나물 몇 움큼을 놓고 앉은 노파의 얼굴 주름에서
방물장수의 마디 굵은 손가락과 목청 좋은 장돌뱅이들의 바짓가랑이에서
식구들 저녁 찬거리를 사러 나온 아지매들의 종종걸음에서
마하반야바라밀다심경
등이 굽은 반야심경을 읽었네

곧 여름과 장마가 한달음에 찾아올 터
망종 어름이니 들판에선 보리 알곡 터느라 바쁘겠구나

물굽이에 차를 세우고

돌이킬 수 없는 시간이 강을 건너가고 있네
산 너머 세상의 언어는 사전 속에 묻어 두고
굳어버린 어깨를 흔들며 강둑의 푸른 마음을 따라가기로 하였네
가지지 못하거나 할 수 없는 일에 연연하는 동안
너는 여태까지 뜨거운 눈물 흘려 본 적 있나
갈 길이 얼마나 남았는지 살피다가
지금까지 얼마나 왔나 돌아보지 못해
너무 늦게 차를 세운 게 아닌가 후회도 하지만
무엇이 내게 하늘 한 자락 허락하지 않았는지
잘못 앉은 내 삶의 여독이
다른 이에게 널리 퍼지지는 않았는지
깊은 절망의 강을 건너
저렸던 온몸을 부르르 한번 떨면
슬픈 노래도 행복한 귀로 들을 수 있는 나이가 되었네
쉽게 흔들리는 풀잎도 생명인 까닭을 알게 되고
제 스스로 뿌리를 내리고
하늘과 땅의 말씀을 받아들이는 겸손에
슬픔이 뭔지 알 때쯤이었네
이기지 않으면서 지지 않는 법을 가르치는 강물의 굽이들이

반짝반짝 빛나면서 내 등을 두드렸네
알맞게 찰랑이는 강물 저 너머가 벌써 환해지고 있었네

감자꽃

한여름의 서릿발이랄까요
강원도 진부령을 오르다가 보았지요
오락가락하는 장맛비를 뚫고
땡볕이 몰려오는 날이었지요
문지방에 앉아 담배를 피우는 촌로村老는
산기슭 비탈밭과 개울가 왕자갈에 어리는
자욱한 물안개에 하늘만 바라보고
나는 나무 등걸에 기대 한나절 바라보고
물안개 물안개 물안개에 덮힌
감자꽃 세상을 담기엔
내 언어가 너무 좁고 모가 난다 싶은데요
해가 지도록 산은 말이 없었습니다

일두 선생 고택에서

오래 갈무리한 문장들이 두 눈을 부릅뜨고
앞산 넘어가 온종일 놀다 왔는지
뒷산 그림자 짙다
작은 헛기침에도 뒤꿈치를 내려놓는 햇살과
바람이 서성거리고 있다
선생의 글씨를 보려다가
빈 마당에 쓸리는 시간의 그림자를 보고 있는데
처마에 걸린 산허리의 적막
그 하염없는 무량의 고요를 그으며
소쩍새 우는 소리 들린다
세상은 때글때글 얼어붙어 있는데
속은 쓰리고 굽은 길 저쪽은 어둡기만 하다
어디 간들 어둡지 않겠느냐마는
어디 간들 덜 추운 데 있을까마는
불면을 즐기던 그때
세상은 어차피 혼자인 것을
무엇이나 영원하지 못함을 선생은 알았던 것일까

*일두 : 정여창 선생의 호

소이불언笑而不言 하나

환약통을 엎어 조선콩 아니 쥐눈이콩보다 작은 수천 개의 알약을 쏟았다

온 방 안에 흩어진 짜증과 낭패

머리와 가슴 그리고 입에 가득한 원망과 자책의 단어들이 날개를 단다

아내는 말없이 빗자루로 쓸고 손으로 줍더니 얼마 안 돼 약통을 다시 채운다

빙긋 돌아보더니 소이불언笑而不言

아무것도 아니었다 그냥 쓸어 담으면 되었다

어제 자퇴한 재구를 데리러 가야겠다

감기몸살

이 밤
몸이 말을 안 듣는다
달아난 입맛처럼 선잠을 자다 깬다
몸이 내게 말을 거는갑다
굴신屈身해라
그저 구불구불九不九不하여라
꾸중을 하는갑다
고맙다 수고했다 미안하다 말하면
몸이 나를 좀 봐 줄까
이 밤
파도는 여전히 찰랑이고
하늘엔 별이 찬란하겠다

탁류濁流

언제나 강물은 비겁하지 않았다
씨알 굵은 재첩이 발에 밟히던 그때도 그랬고
잔잔하게 흐르던 푸른 강물에
천둥벌거숭이로 뛰어들던 모래사장과
강둑으로 오일장 가는 사람들의 하얀 행렬 뒤로
뜨거운 칠월의 말씀들이 쏟아지던 그때도 그랬다
그러다 며칠씩 장마가 계속되면
구미와 안동 지방부터 쏟아진 큰비에
수산과 삼랑진에서 구포까지 강변 모래밭은 잠기고
김해평야 대파밭을 지나 땅심 맡아 짙푸른 논배미를 넘어
수박밭 개구리참외밭 위로 붉누런 흙탕물이 탕탕탕탕 흘러가는데
더러 대구 경산 풋사과알이며 초가지붕에 올라앉은 돼지새끼들까지 떠내려가는데
우리는 삼삼오오 강둑에 앉아 큰일이여 큰일이야 해싸면서
두루뭉두루뭉 허허호호 남의 일처럼 바라보곤 했었지
거짓이나 위선 앞에서도 끝내 침묵하고 마는 우리들 앞으로
보아란 듯 당당하게 흘러가는 저 탁류가
언제 우리에게 비겁함을 가르치기나 했던가
흙탕물이야 시간이 지나면 저절로 가라앉아

농투사니들 수척한 근심도 푸르게 잠재우겠지만
그제나 오늘이나 변한 것은 시대가 아니라 사람이니
스스로 비겁한 지혜를 따르고 있지 않았는지
自問하고 自答할 일이라는 붉고 누런 저 말씀들
그래, 언제나 강물은 비겁하지 않았다

고인돌의 말

부지깽이도 한몫 거들고 있는 들녘에
부엌 살강에 얹힌 밥사발 몇 벌도 맞장구하면
모내기도 밭갈이도 바짓가랑이 걷어 올렸네
오월 농부요 팔월 신선이라 했던가
한 시름 넘었더니 석 삼 시름 버티고 섰다 했던가
못줄 잡는 소리 논배미를 메워가고 있는데
농투사니들의 잔등이 오늘도 분주하였네
앞산 능선골 줄기를 타넘는 봉건왕조의 그늘도
진양조장단에 맞춰 한 말씀 던져 주는데
동네 들머리 당산나무 아래 돌장승이 땀을 흘리네
어리굴젓 한 보시기에 보리밥 한 술로 하루를 넘기는 동네
소문에서 소문으로 이어지던 지난날의 흠결들을
男토우와 女나무꼭두로 빚어 달래는 동네
산다는 건 많은 죄를 짓는 일이지만
그 죄 씻으려 마음의 감옥을 들락거리는 일
또한 크나큰 삶이라 무어 그리 종종걸음할 것 없네
서두른다고 급하다고 몇 번이나 수신호를 보냈지만
후천개벽의 맹아를 찾겠다고 법석을 떠는 사람들
먼 산 너머 구름은 오늘도 몽실몽실 동영상이 되고
야산 등성이의 고인돌 할배 고즈넉이 내려다본다

수박을 만드는 법

그해 칠석 무렵이었지
까마귀들의 발목이 붉은색을 더해 가는 시간이었어
일 년에 한 번 단 한 번 만나는 견우와 직녀를 위하여
지상의 마음도 간절함을 밀어올리는 중이었지
생生은 늦은 봄에서 초여름으로 무장무장 흘러가는데
낙동강 하류 수산다리 아래 모래밭
구미 안동 지방에 큰 비 왔다 뉴스 들리더니
물 낮은 곳부터 뻘물이 찰랑찰랑 올라오기 시작하였지
윤사월 땡볕에 모종 심어 물주고 풀 뽑으며
분무기로 하교下校 후의 열과 성을 뿌려 노란 수박꽃
성과를 길러냈지 수정을 하고 온 동네 풀 썩혀 만든 거름 덕분에
탱자만 한 수박 달렸을 때 천지신명께 감사드렸네
농작물은 주인의 발자국 소리 듣고 자란다더니 틀린 말 하나도 없구나
나도 이제 인생의 서론을 지나 본론으로 들어가는구나
내가 생각해도 기특하다 그래 이렇게 사는 거야
뒷짐 지시고 강둑에 서서 어허 그놈 제법이네 제법이야
해 싸면서 아버지는 고등학생 까까머리 자식의
첫 농사를 대견해 하셨지. 무릇 땅은 거짓말을 하지 않는 법이야

정과 성을 보이면 반드시 화답을 하고 말지
아아, 그랬던 수박이 그렇게 부풀어 오르던 꿈들이
중학생 아이들 머리통만 해졌는데 한 열흘이면 딸 수 있는데
발 구르는 마음을 아는지 모르는지
뻘물은 야금야금 밭머리를 타고 넘기 시작하는데
무엇으로 너를 막을 것이냐 떼쓴다고 될 일인가
운다고 네가 돌아갈 것이냐 고함을 지른다고
동네 사람들 강둑 위에 모여 서서 올 농사도 가버렸네
올 농사도 가버렸어 쯧쯧 껄껄 쩝쩝 해 싸면서
떨어지는 빗방울을 어깨로 받으면서
한숨만 폭폭 쉬는 내 눈물을 보았느냐 말았느냐
그 어떤 후레놈들이 햇빛과 바람과 비가 수박을 키운다고
하늘과 땅이 시간을 빌려 수박 익힌다고
되먹지도 않은 설레발을 쳐댔더란 말인가
드디어 잠기기 시작하는 밭을 이리 뛰고 저리 뛰다가
쪼개보면 허연 박속 같을 생수박을 따 발치에 던지며
거진 실성을 하고 말았지 온가족들이 들어내지 않았다면
통통해진 수박들처럼 나도 저 뻘물 속에 그냥저냥
가라앉고 말았을 거야 수박을 만드는 방법 알기도 전에
강바닥 깊은 물귀신이 되어 오늘도

철없는 물놀이 아이들 발목이나 붙잡고 늘어져 버렸을까
삼성 테스코 홈플러스 청과 코너에서 발을 떼지 못하는데
텔레비전에서 한미 에프티에이 협상 타결 뉴스 들린다

흑백사진

누구는 흑백사진 같다고도 하시고
누구는 그 어머니보다 내가 더 늙어버렸네 하였습니다
도랑 건너 큰집 배꾸마당에 사촌들이 모여
왁자왁자 명절 기분 퍼뜨릴 때
정줏간과 곳간을 오가는 바람도 잰걸음이었습니다
아직은 고운 어머니가 큰어머니 작은어머니들과
사촌 누이들 형수들과 손을 맞춰가며
콩기름 둘러 지짐이를 부치고 계셨는데요
사랑채 쪽마루에선 동네 머슴들이 장기를 두다가
탁배기잔을 던지며 싸움판이 벌어졌다가도
벌써 붉어지기 시작하는 감잎 몇 장 슬쩍 날아오면
다시 둥근 달 같은 초나라와 한나라를 들었다 놓았지요
자욱하게 먼지 이는 신작로를 따라 빨간 완행버스가 오면
사과배 보퉁이나 청줏병을 양손에 든
숙부님들 둥글게 웃으며 인사를 나누셨지요
아무리 그래도 나는 붉으스레한 십 원짜리 지전을
조카들에게 나눠 주시던 부산 당숙이 제일 좋았는데요
십 원짜리 손에 들고 텃밭이며 강둑을 쏘다녔지요
철 덜 든 아들을 두고 서둘러 가신 아버지 어머니
낡은 호마이카 장롱 속 추석빔 생각에

눈썹이 하얗도록 잠들지 못하는 아들을
오늘밤 밝은 달로 떠서 내려다보시는지요

흉터

외갓집 대청마루는 두껍고 검은 소나무 널판이었네
널판 군데군데 고집 센 외조부의 검버섯처럼 옹이가 박혀 있었지
세월의 먼지에 송진가루마저 탈색되어
손이 귀한 상주주씨尙州周氏 대문간에 바람소리만 늘어갔지
마루 한켠에는 오동나무 장식장이 앉아
골백 년의 설움을 담아내고 있는데
서녘 하늘 멀리 늙은 별 하나
자꾸 내려다보는 여벌달 유월의 저녁이 푸르렀네
군데군데 옹이 빠진 소나무 널판 구멍이
탈골되어 하얗게 변해버린 집안 대소사의 잡다한 뼈들
시모노세키를 거쳐 야시로지마 염전의 소금바람을 싸안고 돌다가
그 겨울 개마고원 아래 눈바람을 등에 지고 돌아온 외숙外叔
사대독자 외숙의 오랜 병고로 이어진 허연 세월
외갓집 누런 족보의 그렁그렁한 흉터인 줄 몰랐네
사고무친四顧無親이 어디 사람 힘으로 되는 것이냐며
장죽담뱃대로 풍년초를 태우시던
외조부의 감감한 세월 속으로 가는 길이요
바람벽 너머의 마음, 그 비밀의 정원으로 가는 길인 줄 몰랐네

대청마루 옹이 하나하나가 한 집안의 멍이요
흉터인 줄 나는 몰랐네

추억의 힘

풀쐐기에 쏘여 벌겋게 부풀어 오른 팔뚝에 생침을 발라 문지르면서도 그 푸른 숲이며 들판에 온몸 내맡기던 나날들이여

모내기하고 삼칠일이 지난 후 논에 엎드려 물풀과 방동사니 같은 잡풀을 매는 일꾼들의 잔등에 한사코 달라붙는 쇠파리를 쫓는 아이의 이마에 맺힌 땀방울을 생각한다

강가 모래밭에 이른 봄부터 여름 초입까지 온 가족의 노동을 던진 수박밭에 둥둥 밝은 달만 한 수박덩이가 솟아오를 때쯤 장마가 오고 그 유명한 낙동강 침수, 덜 익은 수박을 따 강둑에 올리며 흘렸던 눈물 섞인 땀방울에 물국수를 먹던 날의 햇볕

보리타작하려고 보리 베어 말릴 때마다 내리는 초여름비에 물 젖은 보리 한 아름씩 묶어 논두렁에 올리면 삐질삐질 땀은 나고 보리 까끄레기는 지천으로 달라붙어 몸을 찌르는데, 아버지는 빨리 안 하면 다 썩는다고, 보리에 싹이 날 것 같다고 연방 재촉하시고 빌어먹을 빌어먹을 이놈의 농사 농사 해쌓다가 하루해는 가고

여름비 막 쏟아지면 동네 아이들 다 모여 참외밭 서리 간다 비바람이 몰아쳐 원두막엔 아예 본동할아버지조차 집에 가셔서 텅 빈 참외밭, 옷 젖으면 큰일이니 다 벗고 벌거숭이가 되어 두꺼운 요소비료 비닐포대 하나씩 들고 한 포대씩 따온 참외, 친구 사랑방에 쌓아두고 하교 후 며칠씩 모여 나눠 먹던 일

가을날 이른 새벽 일어나 들에 나가 들쥐들이 밤새 작업해 놓은 쥐구멍을 찾아 쇠갈고리를 넣으면 벼이삭 뭉치들 스르륵 스르륵 끌려나와 정부미 자루에 담아 가지고 돌아오던 길, 멀리서 배고픈 희망같이 솟던 아침 해를 바라보던 열 몇 살의 그때

유난히 밤이 길었던 겨울 저녁 심심한 동네 아이들 아랫방에 모여 사다리타기를 한다 사다리 다리마다 친구들 이름 적혀 있었지 걸린 아이는 빼고 나머지 아이들이 닭서리 작업에 들어간다 물론 빠진 아이의 집으로 밤늦게 닭고기에 탁배기를 먹고 마시고, 닭국물에 라면까지 삶아 먹고서야 각기 집에 돌아갔었지

신발 문수를 몰라 지푸라기로 치수를 잰 어머니가 내 다이야표 검정통고무신을 사러 가는 날, 언제까지나 내 영혼은 맑고 푸를 것이라 여겼는데 감꽃목걸이에 감물 든 옷처럼 시간의 그을음을 어쩌지 못하는 나이가 되어버렸다

그립다는 말은 바람이 흔들고 가는 동백 이파리처럼 몇 개의 추억에도 술잔을 들었다 놓는다는 것.

그립다는 것은 언젠가 뒤집어 놓았던 민물자라의 등짝을 지금도 생각하고 있다는 것.

그리하여 아침에도 가고 저녁에도 가고 싶은 그대의 집이 어딘가에 있다는 것.

편지 · 상강霜降 무렵

피었던 꽃이 지는 날들입니다
앞 다투어 삶의 기쁨을 세상에 알리던 꽃들이
몇 줄기 스산한 바람에 이냥저냥 떨어져
상강霜降 무렵의 쓸쓸함을 덮었습니다
녹음의 그 짙은 환호歡呼 아래 작약雀躍하던 사람들은
스스로의 발자국을 다 지워버리고
곱고 화사했던 추억의 갈피 속으로 들어갔습니다
꽃도 지고 잎도 다 떨어진 도랑가 낮은 언덕엔
동무도 없이 서석거리는 햇살이 차갑습니다
무성했던 나날은 그저 짧았을 뿐
그대와 더불어 가야 할 길 아직 멉니다
무릇 풀 한 포기, 꽃송이 하나라도 사랑하려거든 그대여
끝까지 사랑을 믿어야 합니다
시작부터 끝까지, 탄생에서 죽음까지를 안고
존재와 그 너머 부재까지 마음에 다 새겨야 합니다
꽃도 잎도 다 무성했던 나날만 사랑하지 말고
꽃 지고 잎 진 뒤의 그 고요와 평화까지 사랑해야 합니다
잰 걸음으로 산등성이를 넘어가는 사람의 등에
짧은 입동立冬 햇살이 다문다문 내려앉고 있습니다

추석 무렵

수건 쓴 아주머니 넷과 턱수염 짙은 아저씨 하나가 잔디 깎는 기계를 하늘 저쪽으로 밀고 끌고 있다. 아달라, 신덕, 경명, 신라왕들의 큰 묘를 벌초하고 있다. 뭉게구름 몇 점을 깐 우리나라 가을 하늘 아래 기계 소리가 꽤 시끄럽다. 저 풀들의 뿌리가 천 년 전으로 이어져 역사의 여백을 메우고 있는지. 잘 자란 관목 숲 사이로 착한 적막이 오후의 갈증을 풀고 있는데, 저들의 노동을 차마 아름답다 할 수 없구나. 저 수고로움을 차마 아름다운 노동이라 할 수 없구나.

잔치국수

마산 삼성병원 중환자실에 아내를 뉘어놓고
눈도 뜨지 못한 사람을 그렇게 제쳐 놓고
근처 식당에 가서 잔치국수를 먹는다
보호자 대기실의 구겨진 담요를 밀쳐놓고
소주 한 병을 반주로 하여 슬픔을 마신다
살아야겠다고
산 사람은 살아야 한다고
먹는 것보다 더 큰 슬픔이 어디 있느냐고
뭉클뭉클 치솟는 마음, 아내여
삶 다음에 우리들의 죽음이 오듯
죽음 다음에도 찬찬한 삶이 있는 것 아니겠느냐
이것이 삶의 기승전결 아니겠느냐
슬픔의 잔치를 다문다문 견디려면
본능의 말씀을 고분고분 따라가야 하는 것
그대와 나의 그 큰 사랑도
기쁨의 잔치 저 이웃에 슬픔이 함께 있어
이리저리 잔치국수를 나눠 먹는 일일 뿐인 것을

2부

자운영꽃 나비 떼

이름이 참 예뻤다 자운영꽃
하양과 연분홍의 꽃잎이 들판 가득
춘삼월의 배고픔을 퍼뜨릴 때
보릿고개 넘어가던 동네 사람들 어깨마다
아지랑이처럼 노란 해가 내려앉아 있었다.
끝이 안 보이던 강둑길 따라
읍내 닷새장 가는 사람들이 서툰 풍경을 만드는 시간
도랑이나 덤붕가에 모여든 아이들은
말밤이며 꼬꾸랑에 올비를 따 허기를 달래고
덜 여문 감자 끄댕이를 헤집거나
동네 당산나무 크고 넓은 가난 아래로 모여들면
마을은 고요의 이름을 달고 그냥 엎드려 있었다.
무엇 하나 이룰 수 없는 것이 없었고
무엇 하나 할 수 있는 것도 없었던
그 높은 봄날 하늘 아래
진정 이름이 예쁜 자운영꽃 무리졌는데
맨발에 눈이 크고 검은 아이들 머리 위로
온갖 나비 떼 훨훨 날고 있었다

염낭거미의 등

헐렁한 난닝구에
진홍과 보라 장미꽃이 가득한
몸빼 바지를 입고
기역자로 구부러진 등에는
손잔지 손녇지 업었다 저 할머니
낙관과 비관의 주름살 흥건한 얼굴
제 몸을 죽여 새끼를 키우는 염낭거미처럼
사뭇 비루하였다

살면서 더러 하늘을 보아야 한다
그래 살면서 더러 땅도 보아야 한다
하늘에는 하느님이 계시고
땅엔 사람들이 계시기 때문이다
하늘도 못 보고
땅도 못 보고 사는 사람이 있지만
나는 아직도 성선설을 믿는다

십리과자

십리과자를 아시는지 여쭙습니다.

둥글고 하얀 사탕, 얼마나 딱딱한지 감히 깨 먹지는 못하고 빨아서 녹여 먹어야 하지요. 그러다 보니 십 리를 걸어갈 때까지 입속에 남는다고 하여 십리사탕이라 부릅니다.

아직도 검댕 자국이 있는 거기
정구지 함지박을 놓고 앉아 있는 여인이여
맨몸의 마음과 느린 호흡의 낫질이여

승부

우리 시대 최고의 명품으로 친다는, 그래서 진품은 만나기가 어렵다는, 강원도산 피나무 바둑판 이쪽과 저쪽에 앉은, 열아홉 살의 이창호 구단과 지천명의 고바야시 사토루 구단

공즉수攻則守 수즉공守則攻의 줄타기 중이다
창과 방패를 번갈아 쥐며
무슨 생生의 다리를 건너 가는지
좌측 화점에 놓인 검은 돌 하나를 마주 하고
한 시간이 넘도록 생각에 잠긴 사람아
그들의 어깨에 꽃잎 흩날리는 오후의 햇살이 지나가는데

수세미꽃

모가지 부러진 동백 하나 머리에 꽂고
초록 치자꽃 향기 폴폴 날리며 앉아
오종종 오종종 햇살과 함께 어머니
땀 밴 삼베적삼을 환하게 밝히고 있는
칠월의 푸른 고요 한 분을 만났습니다

손톱 거스러미를 뜯으며 가을이 가고

손톱 끝의 거스러미를 뜯듯이
그렇게 그렇게 가을이 깊어갔네
갈팡거리고 질팡거리면서 한 세상 건너왔는데
하루하루 해가 뜨고 지고 바람이 불고
그렇게 그렇게 마음도 깊어갔네
구부러진 상처 몇 개쯤 가졌지만
슬픔이 뭔지를 아는 사람
그렇다고 비애의 그림자는 없는 사람
부와 명예와 권력을 비웃던 그대가 좋았네
나는 언제고 그대에게 갈 수 있으나
그대는 다시 내게 올 수 없으니
길게, 사소하게, 아무렇지 않게 살아줄 생각은
애시당초 없었는지도 몰랐네
세상의 먼지 풀풀 날리며
터덜터덜 애고개를 넘어 옛집으로 돌아오는 그대에게
솔갈비불 솔찮게 때서 약닭 한 마리
달이고 고아 먹이는 사람이었으면 싶었네
술을 마실 때는 술이 전부여야 하네
우리들의 양주 캡틴큐 병뚜껑에 새겼던
청보리색의 강물 소리는 아직도 찰랑이는지

눈처럼 희고 푸른 눈을 가진 고양이가
골목 안 봉고 트럭 그림자 밑으로 들어가고
언덕 위의 은혜교회 첨탑이 하얗게 빛나네
어디서 날아온 대머리 독수리 눈깔일까
나무들은 길을 잃지 않으려고 잎을 떨구고
한 치씩 세상의 희망을 깊게 하였네
저렇게 맑은 꽃과 나무들도 외로움의 다리를 건너
토닥토닥 시간의 잔등을 두드리고 있는데
언감생심, 가을바다 물빛이 깊었네

소벌 간다

낮게 엎드린 마을 들머리
중늙은이 하나 소를 몰고 지나간다
물방개와 가시연꽃 그림자를 밟으며
비닐 돗자리를 든 아이들이 통통거리는 오후다
발길마다 폴폴 이는 황토흙먼지에 아지랑이가 어리고
길섶 풀더미엔 이름 모를 꽃들이 얼굴을 열었다
몇 굽이 들길을 돌아 흐르는 봄기운에
만년뻘의 깊이를 함부로 말하지 말라는 듯
부산을 떠는 벌과 나비가 시간을 섬기고 있다
흙 좋고 넓은 들은 거들떠보지 않고
철석 같은 저 원시의 등짝은
아직도 진화를 멈추지 않았는데
물 좋고 산 좋으니 마음 급할 게 없다
먹이를 입에 문 새 한 마리
바람을 가르며 하늘로 솟구친다
살아있는 모든 것들이 호들갑을 떠는 곳
신神들은 모두 소풍을 가 버렸는지
불과 얼음을 꿈꾸고 있는 소벌에서
지은 죄보다 덮어쓴 게 더 많은 나이
내 마음이 촌스럽다

*소벌 : 우포의 우리말. 지금도 나이 든 창녕 사람들은 우포를 소벌이라 부른다.

산과 물의 발자국

봄이 온다고
산도 마음이 뭉글뭉글해지는가 보다
뿔 돋으려는 어린 사슴처럼
온몸에 소리 소문 없이 물길을 내는가 보다

예민한 봄의 말초신경과 맞정情을 나눈다고
이즈음 산들은 몸이 뜨거워진다
물길마다 뿜어내는 봄의 몸 냄새가
숲의 행간을 따라 서서히 번져가는 저 놀라움

산과 물의 길은 연둣빛이거나 노랗다가 붉게 변해 가는데
앞서거니 뒤서거니 따라오는 시간들이
봄산의 늑골을 비집고 들며
서로의 안부를 묻는다
예전에도 그랬고, 지금도 앞으로도 오랫동안
서로를 바라볼 산과 바다의 푸른 어깨여

부처가 사는 산
–금강산에 가서

법기法起보살이 만 이천 명의 제자를 데려와 한 명씩 앉혔다는 일만 이천 개의 봉우리에 팔만 아홉 개의 봉우리가 있었던 그때 산은 거대한 불국토佛國土였지 유점사, 신계사, 장안사, 표훈사, 마하연, 묘길상, 보덕암 골짜기마다 능선마다 부처의 숨결이 흐르고 수행의 정적이 내 등짝을 후려쳤다 부처님이 사는 동해 한가운데 있다는 금강산 진해 경화 닷새장 채소전 아주머니에게서 반야심경을 읽었는데 여기서 금강반야바라밀경을 보다니 신계사는 목숨 걸고 수행했다는 효봉스님(1888–1966)이 출가한 곳이라 홀로 떠드는 동포 처녀여 생에 대한 저 집착들을 끊고 나를 허물게 하라 바위마다 이름을 새긴 중생들의 욕망도 세월에 깎이고 있는데 삼라만상이 몸을 깎고 마음을 깎고 마침내 자신을 깎은 곳에 산이 있었고 바야흐로 부처님이 계셨다

봄, 지리산

귀와 눈을 닫아라 크게 마음을 열어라
꽃 진 자리 다시 달구는 땅 밑의 소리 들어라
꽃 지는 소리 빠르게 빠르게 흘러가고
덩달아 내가 알지 못하는 서러움 몇 개쯤
산도랑 물소리 따라 휘돌 듯 말 듯 떠내려 갈 때면
그윽한 산빛에 아픔은 상처가 되고
상처는 다시 슬픔의 물소리가 되는데
지붕 낮은 초가草家 한 채 달을 품고 앉았다

봄

산을 넘어 오는 것이 아니랍니다
바다를 건너오는 것도 아니랍니다
가만히 있어도 봄은 온답니다
갈피갈피 스며드는 꽃샘눈의 한기를 밀어내며
삼라만상의 찬송 속에
만인의 복음으로 오시는 발걸음 소리
그대와 나의 가슴 어디에서
안쓰럽게 안쓰럽게 돋아나는 것이랍니다
땅빈대, 개불알풀, 노루오줌, 돼지풀, 며느리밑씻개, 홀아비꽃대
어디서 이런 이름표를 달았을까요
잎은 잎대로 꽃대는 꽃대대로
꽃잎은 또 꽃잎들대로 봄숲을 가꾸는 모양새라니요
아픔, 슬픔, 불경기의 옷을 벗어버리고
저 아름다운 노동의 흔적 좀 보세요
봄이란 놈 일가창립一家創立 중이랍니다

변신

결혼하고 몇 달 동안 밥도 제대로 못하던 아내가
바퀴벌레 한 마리에도 기함을 하던 아내가
딸만 셋인 거제 김씨 왕공파 장손 집안
장인어른의 완전 소중한 막내딸이었던 그 아내가
태어나자마자 몹시 아팠던 둘째아이의 기저귀를 펴 놓고
응가의 색을 살피다가 드디어 코를 박고 냄새를 맡는다
크고 높고 아름다운 아내의 둔감력鈍感力이여

남지 철교 부근

그대 떠난 후였지
아지랑이에 꽃멀미 아득해지는 오후나절이었지
강에는 물풀들만 속절없이 흔들리고
묵정밭 너머 산그림자가 재재거리며 내려왔지
분분한 꽃잎들
제 무릎에 얼굴을 묻고
들길 속으로 사라져가는
빨간 버스의 뒷모습만 그림자를 남기고 있었지
혼자 배웠던 사랑을 밟고
다시 홀로 떠난 그대 혹은 나
못난 사랑도 그늘이 있는지
언제나 간절해지는 마음 던져두고
강바람에 펄럭이는 서러움이
홀로 제 키를 키우고 있었지

나무수국

외갓집 같은 꽃

중복에서 말복으로 가는 어름에
동네 전체가 쓰레기 산업을 하던
이동 매립지 가다가 보았네
뎅겅뎅겅 꽃모가지 떨군 동백나무 아래
코스모스를 옮겨 심는 사람들의 땀방울이 기뻤는데
에너지 공원 들머리 한켠
나무수국 꽃송이 뭉게구름 같다
무성한 초록 잎새 사이사이로
송이송이 새하얀 뭉게구름 찬란하다

고단한 길을 가다가도
참한 것들을 보면
이쁜 사람을 보면
내 안의 큰마음에 눈물이 괸다

고물상 최씨

우리 동네 최씨 아저씨는 올해 일흔셋이시다
우리고물상 주인이신 그에게 애시당초 쓰레기란 없다
혁명 나던 해부터니까 사십 년이 넘었다
빈 병, 철삿줄, 라면박스에 새끼줄까지
돈이다 밥이다 생명이다
사시사철 먼지 묻은 해군전투복에 때에 전 면장갑을 낀 그를
동네 조무래기들 다 따라다닌다
오래전부터 홀로 산 그가 마흔 넘어 얻었던 무남독녀 외딸을
사고로 앞세운 뒤부터 아이도 어른도 다 살붙이 같아서
예사롭지 않아서 이것도 주고 저것도 주는 아름다운 가난이다
제 몸을 비워 세상과 한 몸이 되어버린 우리 동네 누추한 성자聖者다
얼굴 용容자를 풀어쓰면 집 면宀과 골짜기 곡谷이라는데
집은 사람을 받아들이고
낮은 골짜기는 산의 모든 물을 받아들인다는 뜻이렷다
늙은 팽나무와 느티나무 아래를 지나며
바다를 바라보는 그의 어깨에 석양이 마음껏 놀고 있다
평생 고물 장수 최씨 아저씨의 얼굴은
작은 도시의 변두리에서 묵묵히 면도하는 늙은 이발사 같다

가을의 무늬

가을은 소리 없이 눈으로 읽어야 한다
촉촉이 젖은 가슴으로 읽어야 한다
산꽃 그늘이 바람에 흔들리듯
들썩이는 그리움의 뿌리를 지그시 눌러두고
내 가슴에 두런두런 그대 발자국이 지나간다
초록의 비린내 떠난 산 그림자 한켠에
푸른 시간의 어깨들을 한 짐 부려 놓고
하고픈 말 아직 많은데
물과 바람과 사람
노을산의 늑골에 어리는 저 무늬들
잘 여문 고랭지 배춧속 같은 나날들
남들처럼 살기도 싫지만
남들처럼 죽기는 더더욱 싫어
강 같은 사람도 흘러가고
바람 같은 사람도 등 두드리고 갔다
그리움이 지나쳐 마음을 몽땅 태우면
깊고 애절하고 따스한 우울과 슬픔들
언제나 한 집에 사는 욕망과 분노
이유도 없이 눈가가 젖는다
내 마음 가득 바다가 출렁일 때

더 이상 지나간 시간을 추억할 수 없어
낙엽처럼 낮은 곳으로 가자
사랑은 낮은 곳에 있다
남루한 사랑법
마음의 바퀴를 돌린다

꽃게

서쪽 바다에서 함께 잡는다는데
중국산과 우리 것이 왜 다른지
딸아이가 물었지요
한 마리 조개의 껍데기에도
조개의 하루
조개의 물살
조개의 갯내음이
한 줄 한 줄 새겨져 있음을
웃어주었지요

도로장道路葬

'텅'
늦은 밤 산복도로에서 개 한 마리 치었다
뒷차가 다시 갈고
뒤의 차가 또다시 갈았다
그 뒤, 뒤의 차가 지나갔고
드디어 내가 지나갈 때
영혼은 먼지가 되어 날아갔다
'터엉'?

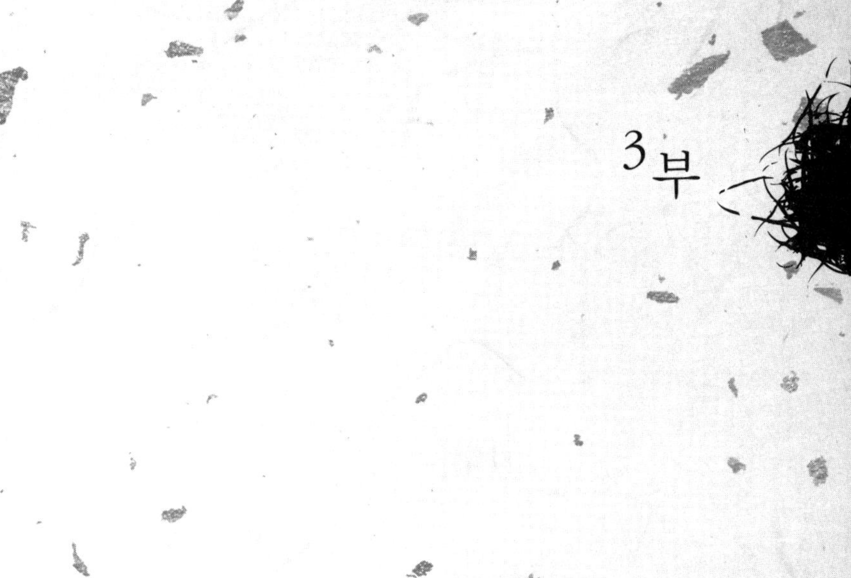

3부

좌우지간左右之間

음력 시월 소중묘사를 모신다
아버지는 오른쪽에 계시고
왼쪽에는 어머니가 계신다
사남이녀 우리 여섯 남매는
두 분 사이에서 태어났으니
좌우지간左右之間에서 살고 있다
한 어둠에서 나고
다시 한 어둠으로 돌아가는 게 생이라지만
둥근 이 슬픔의 표절이라면
죄우지간左右之間 사절하고 싶네

감동시력感動視力

눈이 침침해 안과에 갔더니
정 박사 말씀
한 오십 년 썼으면 많이 썼단다
탈 날 때도 되었단다
매일 눈 뜨고 살아도
못 볼 걸 너무 많이 보아서 그런가
정작 봐야 할 건 못 보는 청맹과니여서 그런가
아름다움을 향한 그리움을 잃어버렸다고
감사하는 마음을 한켠에 던져두었다고
하느님이 강다짐하는 건가

애이불비哀而不悲

그런 날이 오겠죠
눈물 없는 슬픔과 사랑 없는 열기만 가슴에 있는
빛의 속도로 하루하루를 사는 나날 말고
잔기침을 하듯 슬픔과 허무가 배어나오는
나른하지만 지루하지 않는
열 몇 살의 소녀가 첫 생리를 하듯
자연스런 미소를 만드는 과묵함의 낮과 밤 말이에요
그렇게 한 사람이 있지요
평범한 옷차림에 약간은 초췌한 얼굴로
노래할 때 입을 크게 벌리지 않고
목청으로 부르는 삶에서 무엇을 찾으려 하냐고 꾸짖으며
가슴속 아니 뱃속 깊은 사랑의 심연에서 끌어올리는 마음으로
그렇게 그렇게 속삭이는 한 사람이 있지요
바쁘게 살아갈 일이 있나
느리게 느리게 또 느리게 나만의 길을 가야지
'눈부신 세상' 에서 '행복한 사람' 과 차를 마시는 사람
느림의 선율, 조동진

수련睡蓮

수련은 민무늬의 추억을 갖고 있다
그 추억의 쇄골에 어깨를 기대고
햇빛이 가장 순수하고 뜨거울 때
가벼운 번민 하나 없이
단 사흘을 피고 지고 피고 지다가
영원히 물로 돌아가 침묵 속에 잠기는 수련
찰나의 문을 지나 영원으로 들어가는 몰입의 의미여
침묵과 고요 속에서
말이 이루어지고 스스로 깊어가는 수련이여
가난하고 고단하지만 땀 냄새를 아는 이가
짧은 만남, 긴 추억의 생을
궁글리고 있는 시간의 갈피에서
비에 젖은 몸과 마음이 마를 때까지
어둑살 내릴 무렵
길고긴 잠을 데리고 들어가
기다리고 또 기다린다 수련처럼

가을에게

들녘에 다시 바람이 불고
구절초와 산국山國이 한창입니다
그윽한 물소리의 품에 들고픈 마음
그것뿐입니다
내가 미처 생각지 못한 것들이
숨찬 시간들을 다독이고 있듯이
지난봄에 부쳤던
감꽃편지를 다시 읽습니다
중요한 건 그것뿐입니다

감感

수영 선수는 물을 타는 물감이 좋아야 하고
농사꾼은 뭘 심을지 종자 선택감이 좋아야 한다
시인은 보나마나 말감 글감이 괜찮아야 하는데
내가 강을 건너가는 게 아니라
강 건너 저쪽이 내게 오는 것
그게 바로 삶의 품새가 아닌가
운명 같은 것
어쩔 수 없는 것
저쪽 어딘가에서 이미 내 이름을 불러버린 것
아서라, 욕심이려니

뇌졸중풍

갑자기 뇌가 바람을 맞았다는 말
뇌졸중풍
스물한 해 동안 반신불수에 언어장애를 달고 사신
내 아버지가 쉰 줄에 드시자마자 함께 하신 병
온 동네 사람들 혀를 차게 하고
스물한 해를 버티며 어머니를 녹인 병
비가 오면 우산을 써도 옷이 젖는다지만
뒷산에 뻐꾹나리꽃 하늘을 우러를 때
올망졸망 자식새끼들
그날 그 병 기다리는 나이가 되었네

대봉시大奉柿

대봉감 한 상자를 샀다
지리산이 통째로 들어가 있다는 말에 그냥 샀다
섬진강 재첩의 금색 줄무늬가 보이는가 싶었다
쌍계사 십 리 벚꽃 향기롭다 싶었다
칠불사 계곡 흐르는 신라 왕자들의 천 년 말씀이 들리는 듯 싶었다
아직은 덜 익어 떫디떫겠지만
곰삭아 진한 단맛을 내는 겨울밤
그제야 진해바다와 뜨거운 가슴을
도란도란 나누는 지리산을 보겠다
지리산 바람과 풀이 전하는 말을 듣겠다

대죽도*

오늘처럼

달 좋은 밤이면

장복산 산신령이

참방참방 물소리 내며 건너가

권커니 잣커니 한 잔 나누는 섬

*진해시 속천 앞바다의 무인도. '큰대섬大竹島'으로 불린다. 작은대섬小竹島과 나란히 있었는데, 하수종말처리장과 공원이 생기는 바람에 작은대섬은 매립되어 없어지고 큰대섬만 남았다.

마흔아홉

생소함이 그리운 나이를 아시는지
어릴 적 등에 책보를 매고도 다시 학교까지 갔다가 돌아올 때
노란 현기증 같은 들판에 피어오르던 허기를 아시는지
언젠가 한번은 봤음직한 그 넓은 슬픔도
때 이른 장닭 울음소리에 아슴아슴해지는 나이
겨울인데 왜 눈이 안 오시느냐는 아들의 물음에
성공을 칭찬하고 실패에는 관대해지고 싶다는 현문우답賢問愚答을 던지는 나이
날마다 큰 시련은 비켜 가시기를 기도하지만
감당 못할 슬픔이나 고통은 그닥 없다는 것도 알아차리는 나이
용서하지 못할 죄가 없다는 것을 아는 나이
세상의 모든 용서를 용서하고 싶을 때까지
아름다움을 보면 울고 싶어지는 나이
웃음과 울음의 사이를 가볍게 건너다니는 나이
그러나 그러나 아직도 내 인생은 습자習字 시절이라 생각하는 나이
나를 낳으실 때 서 말 넉 되의 피를 흘리셨고
나를 키우실 때 열 말 열 되의 젖을 먹이셨던 어머니께

나를 온전히 바칠 수 없어 밤마다 울고 우는 나이
현관문 뒤로 슬쩍 몸을 숨기는 삶들
산다는 것이 살아갈수록 미안함을 아시는지
첫 눈 소식이 남하하다가 장복산에 걸려 넘어오지 못하고 있네

막간

오늘도 먹고 사는 일에 대한 경배를 드렸네
대전역 가락국수 한 그릇 말아먹는 틈새
그냥 묻어가는 사람이었으면 싶었네
'스펀지' 가 끝나고 '무한도전' 가다가
돈 막 빌려준다는 광고를 보네
배가 쭈글쭈글하게 늘어져 서양자두 말린 것처럼 보인다는 희귀병 말린자두배증후군을 앓는 세 살배기 요한이가 침대시트에 앉아 초롱초롱 눈망울을 굴리는 시간이었네
잉여노동은 선이고 잉여휴식은 불온인가
전라도 구례에서 경상도 하동으로 넘어가는
시멘트 다리 위의 햇살과 저녁 구름을 보며
도라지꽃을 먹는 시간이었네
밀을 추수한 뒤 모심기를 준비하던 아버지의 삼베적삼에
마음의 여백을 마련해 드리고 싶었는데
초심은 불심이라는 작심을 팽개치고
여지껏 세상을 떠도는 생의 한 페이지만 슬펐네

모산선생史

여섯 개의 거문고 줄이
이만 개의 누에고치실을 배배 꼬아 만든 것이라면
천 년 묵은 저 종소리가
죽음의 고통을 짜고 짜서 꼬아낸 혼의 파장이라면
상주주씨尙州周氏 어머니의 땡초된장국과
광주이씨廣州李氏 아버지의 황소발걸음 같은 말씀이
물처럼 스며들어 만드셨다 나는

동지, 진해만에서

괴정 떡전어 떼 깊은 바다로 다 가 버리고
다시 가덕 대구와 숭어 떼를 기다리는 사람들
붉은 마음 가득하던 가을바다도 끝물이다
붉은눈괭이갈매기 한 마리 일몰 속으로 사라지고
통통거리는 고깃배는 물칸마다 그리움을 출렁이며
소쿠리섬과 큰대섬을 외로 돌아 포구로 향한다
하나둘 비치기 시작하는 불빛 아래 서성이는 슬픔들
이끗만 좇다 날려버린 먼 바다의 꿈들
제법 쌀쌀한 바람을 뱃머리로 밀며
젖은 몸과 차가운 마음을 눕히려 돌아오는 길
산그늘 빈집 기대고 부빌 등 하나 없는 슬픔들을 생각한다
집집마다 의령산 닥나무 문종이를 새로 바르고
한 해의 기운을 모아 동지팥죽을 끓이는 사람들
불온한 생각마저 고락苦樂으로 버무려 따뜻한 슬픔이 피고지고

모서리

아내는 가려운 곳이 많은 여자다
가을이면 등만 가려운 게 아니라 귀도 가렵다
면봉과 귀 파기와 뾰루지 짜기의 이 가을
살살 긁어요
거기, 거기, 왼쪽, 아니 위로 조금
아, 거기거기, 아이 시원해
저기 한구석에 양산 내원사 가서 사온
중국산 효자손 단아하게 걸려있건만
까다로운 아내의 등은 내 손을 원한다
아니다 내 손톱을 원한다
아내는 모른다
효자손보다 내 손톱보다
방문 모서리가 훨씬 더 좋다는 것을
나도 가려운 곳이 많은 남자다

모슬포 일박

알 수 없는 길 위에서
보이지 않는 그곳을 떠올리는데
쿡 –
그녀가 옆구리를 찔렀다
살자고 같이 살자고
상큼한 바다 물빛과
싱싱한 꽃향의 바람과 함께
살자고 같이 살자고
쿡 –
그녀가 옆구리를 찔렀다

목숨의 무게

산 속에는 여러 갈래의 길이 있습니다
길마다 집착의 슬픔과 어리석음이 있습니다
슬픔 속의 절망을 꺼내 툭툭 던지며 걸으면
머지않아 길 끝 어딘가에 있는 절을 만나게 됩니다
한길에서 보이는 절은 절이 아니라고
길의 끝이거나 마음의 마지막에 만나는 슬픔들
우물만큼 깊은 슬픔들이 비에 젖어 한 말씀하십니다
자꾸만 내 발목을 잡는 저 깊은 골짜기와 높은 봉우리들
침묵으로 영혼을 채워 아름다운 신성함이
드디어 눈에 보이기 시작하면
마음으로 세상을 보는 절 하나 없는 산은 산도 아니라고
또 한 말씀하십니다 가다가 돌아가기도 하고
내리막보다 오르막이 더 많다는 걸 오래잖아 알 즈음
절에 도착하여 적요를 만나고 적요 속의 믿음,
믿음 속의 사람, 사람 속의 고통과 어둠
그리하여 세상이 가진 검은 눈자위를 지나
신의 말씀과 구원을 받아 안습니다
산길을 혼자서 가다 보면 목숨의 무게를 알 수 있습니다

몸살

대문 옆에 오 년생 대추나무 심었네
거름 사다가 듬뿍 주고 영양제도 꽂았는데
붉은 배경의 이 가을에
되가웃의 대추를 땄네
이것들이 오자마자 해거리를 하나
뒤틀린 심사 다독이는데
뒷집 논실 아저씨 하시는 말씀
그것들이 이사를 와서 몸살을 했던 게지 하시네

화투효도

병암동 할머니 노인당에서 보았네
마흔 이쪽저쪽의 신사가
일흔 저쪽이쪽의 할머니 두 분과
십 원짜리 민화투를 치고 있네
어무이요, 몇 점 났는데예?
야아야, 이기 난 기가?
아이구 많이 났네예
호호호, 그라모 오십 원이가?
방바닥을 비추는
동지햇살이 참 따뜻하였네

4부

패랭이꽃대

감춘 울음이 더 절절하다
그 간절함만큼 절망하지 않으려고
사람들은 깊이 운다

그 사람의 등을 보고 섰을 때
침묵 그리고 고요한 기다림 끝에
투명한 슬픔
한가득 바람 소리 쟁여 넣고
늦은 가을의 길을 묻는
너를 만났다

촛불

얼굴도 모르는 다섯째 숙부의 기제삿날
첨잔을 끝내고 잠시 침묵이 흐른 뒤
아버지는 가만히 촛불을 끄신다.
촛불은 입으로 끄는 게 아니란다
엄지의 엄숙함과
검지의 경건함이 부드럽게 만날 때
촛불은 저절로 꺼진단다

지심도

은자 봄에는 안 갈란다
동백섬 지심도 안 갈란다
얻을 거보다 잃을 거 더 많은
붉은 나이를 보는 거 같아서
모가지 뚝뚝 부러진
길바닥의 저 슬픔 보기 싫어서
담방담방 물수제비뜨는 바닷새들
파도의 지루함 사이로 섬들의 이름을 부르는데
막 던져주는 자기연민이,
한사코 밀어 넣는 감정이입이 정말 싫어서
은자 봄에는 지심도 안 갈란다
두려움의 다리를 건너 용기를 배운다는데
웬 슬픔이 저리도 흔해 빠졌는지
참말로 은자 지심도 안 갈란다

주남지에서

하늘엔
청둥오리 날개에 비친
영롱한 저녁 햇살이
사랑의 결국結局을 이루고 있는데
지상엔
오월의 푸르름을 잃어버린
김씨의 보리밭이
아슴아슴 눈에 밟힌다
생면부지의 인생

침鍼
–남규의 일기

원숭이 엉덩이는 빨개 빨간 건 사과 사과는 맛있어 맛있는 건 바나나 바나나는 길어 긴 것은 기차 기차는 빨라 빠른 건 비행기 비행기는 높아 높은 건 옥상 옥상 위엔 게양대 게양대 위엔 태극기 태극기가 바람에 펄럭입니다 하늘 높이 아름답게 펄럭입니다 충성!

원숭이가 태극기로 펄럭이는 데 걸린 시간은 짧다 속도는 따라가는 게 아니다 뒤집어 생각하고 각도를 달리하는 것 세상이 진짜 같기도 하고 가짜 같기도 한 데는 침鍼 한 대가 제격이다

고등학교 이학년 남규는 홀로 되신 고모와 산다 아버지와 어머니는 이혼해 어디 사는지도 모른다 앞으로 나는 누구와 살아야 하나 국어 노트 한 페이지에 수백 번 쓰여진 남규의 하루다 칠십 년대 원숭이가 태극기로 펄럭이듯이

적조赤潮

엠알아이 촬영 사진을 보며
젊은 내과 전문의는 말했다
어머니의 뇌혈관이 못쓰게 되었다고
수술도 불가하다고
눈앞을 가리는 핏빛이 저물도록 슬펐다
깊은 산 하나가 진해바다에 빠져
이제 저렇게 붉은 출렁임이 된 거라고
일흔의 삶을 하나씩 하나씩 이어가다가
그 중 하나가 된통 터져 버린 것이라고
가슴속 깊이 쟁여 두었던
생의 찌꺼기들이 가쁜 숨을 몰아쉬시고
갯가에서 청진기를 든 젊은 나무 한 그루
주춤주춤 생각이 생각을 부르던 그날
달이 뜨고 별이 지는 줄도 몰랐네

장엄한 슬픔
–중앙성당 만나의 집에서

몸은커녕 마음도 움직이지 못하는데
그대 아픔 뒤의 맑은 영혼을 어찌 만나랴
아름다웠던 기억만 남고
나머지 기억은 모두 사라지는
행복한 치매를 앓는 할머니는
결코 행복하지 않을 터
사람은 가도 사랑은 남아야 하는데
세상의 모든 생이
씨방에서 기어이 꽃을 피워내는 건 아니듯
인간의 존엄에 접근하는 법을 모른 채
오늘도 안녕할 수 없는 사람들을 만났다

입동 무렵 1

장복산 불단풍이 속천바다에 다 빠져 죽었다
때깔 좋던 상강 무렵의 산색들이
잎맥을 끊어 옷 다 벗어버리고
마지막 잔치 벌이다가 그예 자폭해 버렸다
잎 나기 전 꽃부터 피우고 보는 벚꽃들은
은어들의 길을 따라 바다로 나간 지 오래다
마음은 가는데 몸이 따르지 않고,
몸은 원하는데 마음이 따라가지 못하니
이수이상異水異想이고 동수동상同水同想이라 했던가
상수리나무 가문비나무 잎 떨어진 가지마다
겉껍질 들춰보면 내년 봄 싹 틔울 겨울눈이 볼록할 텐데
마음의 소음들을 눌러 놓고
등 뒤에서 누가 지켜보는 것 같아 돌아보니
옆구리를 움켜쥔 저 초사흘 달
왈칵 눈물이 솟구쳤다
바람이 불면 구부러지기도 하고
햇볕이 뜨거우면 머리를 숙이기도 해야 하는구나!

입동 무렵 2

깊은 산 높은 곳엔 첫눈이 오셨겠지요
피붙이 일가붙이 가릴 거 없던 시간을 지나
텅 비었습니다 들이며 산이며 다 비었습니다
짚단을 싣고 경운기 한 대가 탈탈거리며
동지 서릿발을 기다리는 뙈기밭 언저리
결실과 풍요의 옆구리를 에돌아
붉게 물든 서쪽 하늘 아래로 잠기어 갑니다
툇마루 옹이구멍을 메운 손길로
당길문 문풍지를 바릅니다
늙은 아버지의 마디 굵은 손가락이 아려 옵니다
미완성의 하루가 저뭅니다
다시 어둠을 밀며 하루가 오겠지요
반복 속에 초심이 있고
그 반복의 힘이 생을 버티는 작대기입니다

입동 무렵 3

다닥다닥 올망졸망
이마를 맞비비는 지붕의 풍광 아래
삐뚤빼뚤 유달리 골목이 많은
새마을 동네 들머리
아이를 들쳐 업은 여인네 하나가
전봇대를 한참 들여다보고 있었다
보증금 삼백에 월세 이십만 원
세 식구의 사람값일까
그림자는 점점 길어지고
골목 안쪽 처마 낮은 집들이
하나 둘 불을 켜고 있었다

인멸湮滅

해질녘이었네
보도블록에 땅거미 스멀거리고
휴식의 그림자가 걸어가고 있었네
한 남자가 주위를 둘러보더니
꽁초를 발 앞에 버리네
다시 한번 둘러보더니
발로 비벼 가루로 만드네
감쪽같네그려
퉷, 침을 뱉더니
휘적휘적 걸어가네

벚나무가 푸른 잎 하나를 떨구네

영웅

일제 강점기 때 면장을 지냈고, 그 아들은 도의원을 지냈던 우리 동네 윤 면장의 손자이자 밀양 수산장 장터국밥집 바깥주인인 윤영현 옹에게 들었다

함경남도 풍산에서 화전민의 아들로 태어나 일본 동경공업고등학교를 중퇴한 그는, 해방 후 조선노동당에 가입해 마르크스와 레닌의 입과 발이 되었다 한국 전쟁 때는 내가 살았던 이웃 마을에서 의용군을 강제 모집해 인민군에 입대시키기도 하고, 지주였던 영산 어른과 술도갓집 논실 어른을 죽창으로 찌르기도 했다 구이팔 서울 수복 이후에는 지리산에서 빨치산으로 활약하다가 토벌대에 잡혀 칠 년을 옥살이하고 출소했으나, 사일구와 오일육 때 부산에서 지하당 활동을 하다 다시 붙잡혀 팔십팔 년까지 삼십사 년을 복역하다가 북한으로 돌아가 영웅 대접을 받았다 그 뒤 어찌 살았는가는 모르지만 이천칠 년 유월 열여셋날 북한에서 죽었다 김정일은 김영남을 위원장으로 한 오십칠 명의 장의위원회를 짜 인민장으로 그의 죽음을 치렀다

그는 비전향장기수 출신의 위대한 영웅 이인모였다

어떤 울음

창원공단 엘지전자 무슨무슨 부장 박영규한테서 전화가 왔다 제수씨는 잘 계시고 어쩌고 탁구공처럼 농弄을 주고받다가, 저녁에 술 한 잔 하잔다 언제나처럼 차분하고 냉정한 목소리였다 지방대학을 나와 자라보다 긴 목을 빼며 버텨온 스물 몇 해 새벽 출근에 밤중 퇴근, 휴일도 휴가도 반납한 채 생을 온전히 걸었던 회사, 그 회사를 그만뒀다고 냉정한 목소리로 말했다 마흔아홉의 나이를 현실 앞에 그냥 갖다 바친 것이 억울하고 분하고 부끄러웠을 텐데 나는 들었다 그 냉정함 뒤의 울음소리를 속울음소리를

어느 별의 감옥에서

저 강물도 성질이 있다는 거 아니?
이 세상은 분명 다른 별의 감옥일 거야
파도 없는 바다가 어디 있는가
얼룩 없는 생에게 지혜도 없듯이
갈망과 모험의 언덕길에 아름다운 시행착오가 산다
꽃도 제 홀로 피어서 바람에 흔들리고
짙푸른 배를 뒤집으며 바다는 울고 있다
파도가 싣고 온 그대의 안부는 여적지 철썩이는데
다시 삼백예순날을 어떻게 살아야 아름다울까
밤새 뒤척이며 새벽을 맞는 저 소나무
언제나 목마른 마음 오색실로 엮어서
말뚝 하나 없는 그대의 건넌방으로 부친다
잠이 오는 길목을 누가 막아선 걸까
단 한 번도 생을 노닥거린 적 없는데
고요의 입자들이 적막의 그늘로 들어가
오늘도 커다란 시름 하나를 만든다
그대를 부르는 호출부호를 아직도 모른단 말인가
아직도 그대는 울울창창 내 슬픈 맹목 속에 기거하는가
세상의 모든 존재는 성질이 있다는 거 아니?

슬픈 복무服務 1

진해 사는 시인이
진해서 하는 문학 행사에 얼굴도 안 보인다 할까 봐
진해 김달진문학제 갔다.
문학을 수시모집하고 있었다.
아우성 너머로 시는 가을 여행을 떠나고 없었다.
장복산 상수리나무숲 너머에서
때 이른 저녁 예불소리만 낭자하다가
목탁 소리 몇 왕복 육차선 도로를 건너갈 뿐
사람들은 모두 하늘을 보고 있었다.
슬픔인가 하면 기쁨이요, 고독인가 하면 법열法悅이요
체념인가 하면 초조焦燥이기도 하다는 올빼미의 노래*는
아직도 어둠 속에서만 까악 까악 울고 있었다.
시민회관 돌계단에 부서지는 병술년 여벌달 햇살
열치매 나타난 달처럼
시를 춤추고, 시를 노래하고,
시를 두드리며 정신을 기원했다.
아직 떠나지 못한 사월의 벚꽃
분분한 그 싸구려 서정을
끝내 용서하지 못하는 나를 용서하시라.

*김달진 「올빼미의 노래」

슬픈 복무服務 2

낮에 만났던 맨발의 비둘기 생각하다가
밤하늘에 몇 개의 별을 새기는 부엉이 소리를 듣다가
늦게 잠든 다음날 아침 오줌을 눈다
냄새 고약하다 지상의 누더기를 고아 먹었나 싶었지만
아니다 오래된 상처 그 쓸갯물의 검은 거품 때문이다
한 번도 단 한 번도 나를 구원한 적 없는
헛된 언어의 슬픔 덩어리 때문이다
사춘기도 없이 늙어버린 나의 언어 때문이다
가문비나무 우듬지 위로 오래 꿈꾸었던 사랑의 갈피가
한 장씩 두 장씩 펄럭일 때마다
아귀 뱃속에 세 들어 사는 내 발등을 찍고 싶었다
밤새 헤매다 돌아온 푸른 언어의 골짜기들
그 서러운 상처들을 데려와 그대 앞에서
경건한 숨결로 바위마다 천 년 맹서를 새기고 싶었다
삼팔육도 없이 늙어버린 나의 언어여
언어의 성소聖所 앞에 신발을 벗고 앉아
말과 꿈의 화전火田을 일구는 나날이여
한 움큼의 모랫재를 뿌려 검은 거품 다 가라앉으면
때 늦은 꽃 한 송이 피울 수 있을까
일찍 잠드는 호사好事를 누릴 수 있을까

매화찬송梅花讚頌

산청 함양을 빙 돌아가면
무르익은 봄햇살에 꽃순들 솟는 소리 들리더니
섬진강 긴 허리 끌어안고 하동 광양을 감아 돌면
백매白梅 청매靑梅 떼향에 취해
구례 쌍계사 언덕배기마다
산수유며 벚꽃들이 하얗게 노랗게 일렁이고요
육백살 먹었다는 고매古梅는 연연분분
제비꽃 꽃다지 민들레 할미꽃 진달래 살구꽃을 동무 삼아
북으로 북으로 부끄러운 마음을 밀어올리고 있네요
덩달아 몸이 단 홍매紅梅 흑매黑梅 뭐하시나 싶었는데요
봄의 영령들이 삼천 배를 올리는 지리산 자락에
색깔만큼 흐드러진 향기로 불꽃놀이 중이시네요

스며듦에 대하여

아이들이 감꽃목걸이를 하면
텃밭에 묵은 재거름을 뿌리고
그 감꽃 다 지면
콩을 심어야 하리
입하立夏와 소만小滿 어름 비 온 오후에는
고구마순을 내다 꽂아야지
대추알이 콧구멍에 들어갈 정도면
모를 심어도 먹을 수 있다
햇님나무와 구렁나무가 뽀롱뽀롱 올라오면
무씨와 콩씨를 심자
할아버지와 손자 사이만큼 친해질 수 있다면
진달래 모듬살이의 아름다움을 알겠지
매화 피고 나서 산수화 피고
벚꽃, 개나리, 철쭉, 라일락, 아카시꽃 순으로 봄이 온다
지들끼리 바통을 이어받으며 봄이 뛰어온다
알게 모르게 서로의 그림자에 물들어가는 일
나도 스며들고 싶다
잘난 체하는 세상쯤 벽을 향해 던져버리고
있어도 되고 없어도 되는 것들 틈에서
천 번의 겨울이 가고

만 번의 봄이 저기 또 온다

● 해설 ●

그리움이라는 생의 버팀목

이성혁(문학평론가)

그리움이야말로 서정시를 쓰고자 하는 충동을 불러일으키는 감정일 것이다. 그립고 안타깝고 외로움의 감정에 사로잡힌 시인은, 이젠 잃어버린 대상을 언어로 재생시키면서 뭉친 감정을 풀어놓으려고 하는 욕망이 생긴다. 이때 서정시 쓰기는 시작될 것이다. 하지만 알다시피 그리움을 토로한다고 해서 좋은 시가 탄생할 리는 없다. 그와는 달리 좋은 서정시가 탄생하기 위해서는 언어의 긴장 있는 배치를 통해 감정의 분출을 객관화하는 것이 중요하다. 그렇다고 그 감정의 객관화가 그리움과 같은 감정을 증발시키지는 않는다. 서정시 쓰기는 감정을 다스리는 작업이 아니다. 이와는 달리 심정과 발화 사이에 팽팽한 긴장이 형성될 때 비로소 좋은 서정시는 탄생할 수 있으며, 그 긴장의 강렬도가 한 편의 시의 독특성을 만들어낸다. 그렇기에 서정시인은 감정을 즉각 토로하지 않는다. 반대로 그는 침묵 속에 감정을 가두어 놓으면서 마음속 공간의 팽창 압력을 증가시킨다. 그리하여 긴장이 상승되는 동안, 시인은 터져 나올 감정이 흘러나올 수 있는 통로-언어-를 준비한다. 드디어 발화가 이루어지고 동시에 감정이 분출될 때, 그 발화의 언어는 감정을 객관화시키는 동시에 감정에 의해 충전되어 진동한다. 이월춘 시인의 이 시집, 『산과 물의 발자국』을 열면서 처음 마주치게 되는 시 「사이」는 이러한 서정시 작법에 대해 생각하게 만든다. 다시 옮겨본다.

가장 멀리 떨어져야
가장 멀리 날아가는 건
활시위와 화살의 사이다
과녁에 대한 그리움이 사무쳐
자지러질 때까지
그리하여 만물이 선명해질 때까지
충분히 기다려야
멀리서 온갖 꽃봉 터지는 소리 들린다
그대와 나의 사랑의 역설처럼

그리움이 사무쳐서 자지러져야 화살은 멀리 날아갈 수 있으며 '꽃봉' 은 터질 수 있다고 시인은 말한다. '터지는' '꽃봉' 을 시라고 생각해본다면 시작詩作은 활시위를 힘껏 뒤로 당기는 과정이다. 그 과정은 사랑이기도 하다. 이 시인에게서 사랑이란 더욱 사무치게 그리움을 견디는 것이기 때문이다. 시인은 사랑이 이루어지기를 원할 것이고 그래서 그리움으로 힘들어 하고 있다. 하지만 한편으로 그는 사랑이 이루어지지 않기를 원하기도 한다. 사랑이 지금 이루어진다면, 활시위와 활 사이의 거리와 같은 긴장의 강렬도는 약화될 것이다. 사랑이 더욱 강렬한 무엇이 되기 위해서는 사랑은 이루어지지 않아야 한다. 그래서 가슴이 뻐근해질 정도로 그대를 그리워해야 한다. 이를 시인은 "그대와 나의 사랑의 역설"이라고 표현한다. 그리움을 증폭시키는 이 역설적 사랑은 이 시집에서 드러내고 있는 시인의 시 정신이며 시작법으로 보인다. 더욱 그리워함으로써 사랑의 감정을 뜨겁게 만들었을 때에야 시의 아름다움—꽃봉—이 터질 수 있다는 시작법. 그래서인지 시인은 이 시집에서 무엇인가를 그리워하는 시들을 많이 선보이고 있다. 특히 이 시집의 1부가 그러하다.

그런데 시인에게 '그립다는 것' 은, '그대를 사랑한다는 것' 은 무엇을 의미하는 것일까? 시인은 "그립다는 것은 언제가 뒤집어 놓았던 민물자라의 등짝을 지금도 생각하고 있다는 것./ 그리하여 아침에도 가고 저녁에도 가고 싶은 그대의 집이 어딘가에 있다는 것."(「추억의 힘」)이라고 말한다. 그리고 시인은 "언제까지나 내 영혼은 맑고 푸를 것이라 여겼는데 감꽃목걸이에 감물 든 옷처럼 시간의 그을음을 어쩌지 못하는 나이"(같은 시)에 접어들었다고 말한다. 이제 영혼의 그을음을 닦아내기 힘들다. 하지만 영혼이 맑고 푸르렀을 때의 시절을 상징하는 민물자라의 등짝을 추억하고 그대를 그리워함으로써 영혼은 조금이나마 깨끗해질 수 있다. 그래서 그리움은 어떤 힘, 추억의 힘이다. 그리워하면서 상기하는 추억은 영혼을 맑게 재생시키는 힘인 것이다.

"저무는 세상의 한쪽을 붉게 물들이는 포장의 힘"(「복개천 연가」) 역시 바로 이 추억의 힘과 같은 것이다. 그 포장 술집은 시인이 "견딜 수 없이 서러울 때/아픔도 없이 온몸이 아파 응석을 부리고 싶을 때", 즉 그립고 외로울 때 찾아가고 싶어 하는 곳이다. 그 술집은 추억처럼 "저무는 세상의 한쪽"에 있지만, 그곳은 "저 잘난 세상쯤 가로등 불빛 아래 걸어"둘 수 있는 곳, "소나무 같은 사람들을 만나/찬 소주 한 잔 달게" 마실 수 있는 곳이다. 그리고 그 술집에 모여든 "소나무 같은 사람들"은 시인에게 바로 "낙락장송, 밝고 따스한 그대"가 되고 '포장의 힘' 자체가 될 것이다. 그 술집에서 시인은 그리움으로 '멍든 가슴'을 사람들에게 보여주면서 그 추억의 힘으로 "세상과 정이 들"어 갈 수 있을 것이다. 그래서 그리움은 추억을 불러일으키고 추억은 "하나같이 구불구불"한 삶을 견딜 수 있게 한다.

과거를 과거로서 인정할 때 그 과거에 대한 기억은 추억이 될 수 있는 것이다. 아름다운 과거를 현재에도 지속될 수 있다고 생각하고 과거와 같은 아름다움을 지금도 경험할 수 있기를 욕망한다면 추억은 생성될 수 없다. 추억은 이제는 다가설 수 없는 아름다운 시절에 대한 기억인 것이다. 그 시절이란 사랑을 누렸던 시기를 가리킬 것이다. 지금은 누릴 수 없는, 사랑으로 충만했던 그 그리운 시절. 하지만 시인은 사랑의 역설을 말하지 않았던가? 그리울 때 사랑은 더욱 깊어질 수 있다고 이 시인이 생각하고 있음을 우리는 알고 있다. 지금 사랑을 하고 있어야만 사랑이 존재하는 것은 아니다. 사랑의 부재가 사랑을 존재하게끔 할 수 있다. 아래의 시는 이러한 '사랑의 역설'을 좀 더 구체적으로 보여준다.

녹음의 그 짙은 환호歡呼 아래 작약雀躍하던 사람들은
스스로의 발자국을 다 지워버리고
곱고 화사했던 추억의 갈피 속으로 들어갔습니다
꽃도 지고 잎도 다 떨어진 도랑가 낮은 언덕엔
동무도 없이 서석거리는 햇살이 차갑습니다
무성했던 나날은 그저 짧았을 뿐
그대와 더불어 가야 할 길 아직 멉니다
무릇 풀 한 포기, 꽃송이 하나라도 사랑하려거든 그대여
끝까지 사랑을 믿어야 합니다
시작부터 끝까지, 탄생에서 죽음까지를 안고
존재와 그 너머 부재까지 마음에 다 새겨야 합니다
꽃도 잎도 다 무성했던 나날만 사랑하지 말고
꽃 지고 잎 진 뒤의 그 고요와 평화까지 사랑해야 합니다

–「편지 · 상강霜降 무렵」 부분

녹음의 환호작약은 이제 "꽃도 지고 잎도 다 떨어져" "추억의 갈피 속으로 들어갔"다. 그 무성한 사랑의 시간은 "그저 짧았을 뿐"이다. 하지만 시인은 "끝까지 사랑을 믿어야" 한다고 말한다. "꽃도 잎도 다 무성했던 나날"만 사랑하지 말고 "존재와 그 너머 부재까지", "꽃 지고 잎 진 뒤의 그 고요와 평화까지" 사랑해야 한다는 것이다. 이에 따르면 사랑이 부재하는 자리에 사랑은 존재한다. 당신과의 그 무성했던 사랑은 이제 불가능하지만, 그 사랑의 부재를 사랑할 수 있게 된다면 부재하는 사랑을 "마음에 다 새"길 수 있으며 사랑 역시 존재할 수 있는 것이다. 그러므로 사랑은 변증법적으로 존재한다. 사랑은 사랑이 사라진 장소에, 죽음에, 폐허에, 낙엽에 있을 수 있다. 그래서 시인은 "낙엽처럼 낮은 곳으로 가자/사랑은 낮은 곳에 있다/남루한 사랑법"(「가을의 무늬」)이라고 말하는 것일 테다. 그런데 이렇듯 사랑의 역설을 시인이 발견할 수 있었던 것은 "푸른 시간의 어깨들을 한 짐 부려 놓고"는 "그리움이 지나쳐 마음을 몽땅 태우면/깊고 애절하고 따스한 우울과 슬픔들"(같은 시)을 겪은 이후에 가능했다. 푸른 시간에 대한 그리움이 마음의 이파리들을 다 태운 이후에야, 사랑이 비로소 그 자리에 존재하게 된다는 것을 시인은 알게 되었던 것이다.

이렇듯 사랑에 대한 역설적이고 변증법적인 인식은 삶 자체에 대한 인식으로 확장된다. 시인이 병원 중환자실에 누운 아내 앞에서 "소주 한 병을 반주로 하여 슬픔을 마"시면서 "삶 다음에 우리들의 죽음이 오듯/죽음 다음에도 찬찬한 삶이 있는 것 아니겠느냐/이것이 삶의 기승전결 아니겠느냐"(「잔치국수」)

라고 말하는 대목을 보면 그렇다. 이 시에서 시인은 생사를 넘나드는 아내 앞에서 '슬픔의 잔치' 를 생각한다. 그것은 "그대와 나의 큰 사랑도", 죽음을 앞에 두고 "저 이웃에 슬픔이 함께 있어/이리저리 잔치국수를 나눠 먹는 일일 뿐"이라는 생각이다. 이는 삶이란 사랑의 역설처럼 '슬픔의 잔치' 라는 역설을 견디어나가는 것이라는 의미다. 이러한 인식이 가능하게 된 것은, 삶과 죽음이 분리되어 있는 것이 아니라 긴밀하게 연결되어 있다는 것을, 즉 변증법적인 '삶의 기승전결' 을 시인이 깨달았기 때문이리라.

'삶의 기승전결' 을 인식하고 받아들이는 일, 이는 "본능의 말씀을 고분고분 따라가"(같은 시)는 일이다. 삶의 기승전결이란 자연과 같은 것일 터다. 삶 다음에 죽음이 오고 그 죽음 이후에 또 다른 삶이 이어지는 삶과 죽음의 흐름–기승전결–은 인간이 아무리 과학 기술로 무장해도 어떻게 해볼 수 없는 자연인 것이다. 삶과 죽음이 뫼비우스 띠처럼 연결되어 있다는, 그 삶의 자연성을 인식하고 이에 순응할 때 본능 역시 자연스럽게 받아들여지게 될 테다. 인간의 삶에서 본능이야말로 삶의 기승전결을 작동시키는 어떤 자연적 힘인 것이다. 시인이 "산 사람은 살아야 한다고" 근처 식당에서 잔치국수–슬픔–을 먹을 때, 그는 "본능의 말씀을 고분고분 따라가"고 있는 것이다. 시인은 본능에 따라 국수를 먹고, 그래서 산 사람은 살고, 그리하여 삶의 기승전결은 지속되며 자연은 그렇게 자연스럽게 존재한다.

자연으로서의 인간은 의식이 아니라 본능에 따라 움직이는 몸을 가리킨다. 반면 인간은 자연에 거슬러 의식으로 삶을 이끌어나가려고 한다. 하지만 시인의 인식에 따르면 인간 삶의 주인은 의식이 아니라 몸인 것이다. 몸의 상태를 거스르고 살아가면 곧 "몸이 말을 안 듣"게 되고, 더 나아가 몸은 '내게' "굴신屈身해라/그저 구불구불九不九不해라"(「감기몸살」)라고 명령하는 것을 보면 그렇다. 또한 삶 자체가 몸의 내장처럼 구불구불한 것이다. 그러나 목적합리성에 사로잡혀 욕심 부리며 살아가는 우리는, 의식을 동원하여 삶의 구불구불한 시간을 직선으로 교정시키려고 한다. 이 작업이 지나치게 되면 몸은 병들게 되는 것이다. 병든 몸으로서는 활력 있는 삶을 살 수 없다. 결국 삶에 대한 지나친 욕심이 삶을 망친다. 몸은 인간의 욕심에 관대하지 않은 것이다. 그래서 현명한 삶이란 삶의 기승전결을 받아들여 자연처럼 구불구불하게 사는 것이라고 할 수 있다. 그 삶은 자연을 의식에 따라 개조하면서 사는 것이 아니라 자연을 자신에게 다가오는 타자로서, 하나의 운명으로서 인식하면서 사는 것이다.

수영 선수는 물을 타는 물감이 좋아야 하고
농사꾼은 뭘 심을지 종자 선택감이 좋아야 한다
시인은 보나마나 말감 글감이 괜찮아야 하는데
내가 강을 건너가는 게 아니라
강 건너 저쪽이 내게 오는 것
그게 바로 삶의 품새가 아닌가
운명 같은 것

어쩔 수 없는 것
저쪽 어딘가에서 이미 내 이름을 불러버린 것
아서라, 욕심이려니

—「감感」

현명한 삶, 그 "삶의 품새"가 자연을 정복의 대상이 아니라 타자로서 인식하고 이에 순응하는 것이라고 한다면, 시인은 시 쓰기 역시 그 "삶의 품새"를 가지고 써야 한다고 생각한다. 다시 말하면, "강 건너 저쪽"이 지금 시의 글감이라고 한다면, 그 저쪽으로 내가 건너가는 것이 아니라 "저쪽이 내게 오는 것"으로, 다가오는 "강 건너 저쪽"을 "어쩔 수 없는" 운명으로 받아들여야 한다는 것이다. 즉 글감이란 타자다. '내'가 글감을 호명하는 것이 아니라 저 글감이 "내 이름을 불러버린 것"이어서 이젠 돌이킬 수 없이 그 호명을 받아들여야 한다. 그때 글감은 '감感'이 되어 시인으로 하여금 시를 쓰고자 하는 욕망을 불러일으킬 것이다. 글감을 자연의 한 부분이라고 할 때, 그렇다면 자연이란 이렇듯 어느덧 상대방을 불러 '감'을 일으키는 세계라고 할 수 있다.

그 '감'에 의해서 "있어도 되고 없어도 되는" 자연의 그 모든 구성원들은 "알게 모르게 서로의 그림자에 물들어 가"(「스며듦에 대하여」)게 될 것이다. 가령 "매화 피고 나서 산수화 피고/벚꽃, 개나리, 철쭉, 라일락, 아카시 꽃 순으로 봄이" 오는 것을 보면, 매화가 핀 후 피어나는 산수화는 매화의 그림자에 물들며, 산수화 핀 후에 피어나는 벚꽃은 산수화의 그림자에 물든

다고 할 것이다. 개나리, 철쭉, 라일락 등도 역시 마찬가지다. 이렇게 자연의 모든 생명들, 사물들은 서로 물들면서 태어나고 사라진다. 인간의 삶 역시 "서로의 그림자에 물들어" 간다. 친한 "할아버지와 손자 사이"에서처럼, 인간 역시 뒤의 세대가 앞 세대에 물들어가면서 살아나가고 있기 때문이다. 그런데 시인은 저 세계 속으로 "나도 스며들고 싶다"고 말한다. 저 세계에 스며들어야 비로소 글감은 '감感'이 되어 시를 쓸 수 있게 만들어줄 것이기 때문이리라. 인간이 자연 속으로 스며들었을 때의 풍경을 시인은 「소벌 간다」에서 다음과 같은 모습으로 묘사한다.

낮게 엎드린 마을 들머리
중늙은이 하나 소를 몰고 지나간다
물방개와 가시연꽃 그림자를 밟으며
비닐 돗자리를 든 아이들이 통통거리는 오후다
발길마다 폴폴 이는 황토흙먼지에 아지랑이가 어리고
길섶 풀더미엔 이름 모를 꽃들이 얼굴을 열었다
몇 굽이 들길을 돌아 흐르는 봄기운에
만년뻘의 깊이를 함부로 말하지 말라는 듯
부산을 떠는 벌과 나비가 시간을 섬기고 있다
흙 좋고 넓은 들은 거들떠보지 않고
철석 같은 저 원시의 등짝은
아직도 진화를 멈추지 않았는데
물 좋고 산 좋으니 마음 급할 게 없다
먹이를 입에 문 새 한 마리

바람을 가르며 하늘로 솟구친다
살아있는 모든 것들이 호들갑을 떠는 곳
신神들은 모두 소풍을 가 버렸는지
불과 얼음을 꿈꾸고 있는 소벌에서
지은 죄보다 덮어쓴 게 더 많은 나이
내 마음이 촌스럽다

"아직도 진화를 멈추지 않"은 소벌(우포의 우리말)에서는 "살아있는 모든 것들이 호들갑을" 떤다. 그 호들갑은 서로가 서로의 그림자에 스며들면서 생기는 '감'에 의해 생기는 것일 게다. 이름 모를 꽃들이 "얼굴을 열"며 봄기운에 취해 있고 가시연꽃 사이를 물방개가 뛰어다니고 있으며 벌과 나비는 부산을 떨면서 "시간을 섬"긴다. 그곳에서의 인간 역시 저 꽃과 곤충들과 마찬가지로 자연의 한 일부일 뿐이다. '통통거리는' 아이들과 소를 몰고 지나가는 '중늙은이'를 보라. 이들 사이로 새 한 마리 먹이를 물고 하늘로 솟구친다. 저 새와 먹이와 아이들과 노인은 모두 소벌을 이루며 '감'으로 떨고 있는 '살아있는 것'일 뿐이어서, 저 자연 속 인간들이 어떤 이질감이나 어색함을 불러일으키지 않는다. 물론, 자연에 스며든 삶이란 풍경의 의미에서만이 아니라 자연에 가까운 삶 자체를 가리키기도 한다. 가령 「고물상 최씨」에서 묘사되는 "우리 동네 최씨 아저씨"가 그러한 삶을 살고 있다. "우리고물상 주인이신" 그에게는 "빈병, 철삿줄, 라면박스에 새끼줄까지" 돈이고 밥이며 생명이어서 "애시당초 쓰레기란 없"다고 한다. 더 나아가 그는 "이것도 주고 저것도 주는 아름다운 가난"을 살고 있어서, "제 몸을 비워 세상과 한 몸이 되어버린 우리 동네 누추한 성자盛者"라는 칭호를 시인으로부터 부여받는다. 제 몸을 비우는 삶, 그리하여 세상과 섞여 물들어가는 그의 삶에 대해 자연에 가까운 삶이라고 할 수 있을 것이다.

또한 「스며듦에 대하여」를 다시 읽어보면, 자연에 가까운 삶은 한편으로 "천 번의 겨울이 가고/만 번의 봄이 저기 또" 오는 자연의 순환에 순응하면서 노동하는 삶을 가리키기도 한다는 것을 알 수 있다. 그 삶은 "아이들이 감꽃목걸이를 하면/텃밭에 묵은 재거름을 뿌리고/그 감꽃 다 지면/콩을 심"는 것과 같은 삶이다. 땅과 절기에 순응하면서 노동하는 사람들을 민중, 더 좁게는 농민이라고 부를 수 있으리라. 그렇다면 자연에 순응하면서 사는 민중이야말로 현명한 삶을 사는 사람들이라고 할 수 있다. 하지만 시인은 그 삶에 대해 낭만적인 찬사만 던지는 것은 아니다. 현재 자연과 더불어 사는 민중들의 삶이 파괴되고 있다는 것이 현실임을 시인은 잘 알고 있기 때문이다. 시인은 리얼리스트의 현실 비판적 시선을 잃지 않는다. 가령 전봇대에 붙은 "보증금 삼백에 월세 이십만 원"이라는 전단을 "한참 들여다보고 있"는, "아이를 등에 업은 여인네"(「입동 무렵 3」)에서 시인은 "점점 길어지"는 그림자를 감지한다. 삼백에 이십만 원은 "세 식구의 사람값"을 상징한다. 「어떤 울음」에서는 "휴가도 반납한 채 생을 온전히 걸었던 회사"를 그만두었다고 말하는 친구의 차분한 목소리에서 시인은 '속울음소리'를 듣는다.

민중의 삶을 가난과 실직으로 빠뜨리는 사회 시스템에서는, 시인이 「막간」에서 말하듯이 "오늘도 먹고 사는 일에 대한 경배를 드"려야 하는 삶을 살아야 한다. 가난할 시인 역시 "대전역 가락국수 한 그릇 말아먹는 틈새"에서 본 "돈 막 빌려준다는 광고"에 눈이 갈 수밖에 없다. 신자유주의 사회에서는 노동유연화 정책을 통해 실업을 항구적으로 만들고, 그리하여 민중은 궁핍에 시달리게 되면서 금융자본이 기승을 떨게 된다. 민중은 일자리를 찾아 떠돌아다녀야 하며 고리의 빚을 지게 된다. 이러한 사회에서 "잉여노동은 선이고 잉여휴식은 불온"이 된다. 신자유주의에서는, 노동할 수 있는 것만 하더라도 고맙게 여기라는 식의 사회 분위기가 만들어진다. 이 분위기를 통해 가난은 노동하지 않기 때문에 온 것이며 휴식은 불온하다는 이데올로기가 유포된다. 그래서 비정규직이 된 노동자들이 적은 급여를 받으며 장시간 노동에 시달리는 것은 당연하다는 식의 사회가 되어버린다. 시인이 이 시에서 "희귀병 말린자두배증후군을 앓는 세 살배기 요한이"를 등장시킨 것은, 그 아이의 병이 사람들을 병들게 만드는 현대 사회의 비정함을 상징하고 있다고 생각했기 때문일 것이다. 이 사회에서 강제적으로 행해야 하는 노동은, 자연에 순응하면서 즐겁게 이루어지는 농촌의 노동과 같은 것이 될 리 만무하다.

게다가 농촌 역시 신자유주의에 의해 파괴되고 있는 것이 현실이다. 「수박을 만드는 법」은 시인이 처음으로 수박을 키우기 위해 노동하면서 일어났던 에피소드를 재밌게 서술하고 있는 시다. 그런데 그 시는 "삼성 테스코 홈플러스 청과 코너에서 발을 떼지 못하는데/텔레비전에서 한미 에프티에이 협상 타결 뉴스 들린다"는 진술로 끝이 맺어지고 있다. 알다시피 한미 에프티에이가 타결되면, 가장 큰 피해를 입는 분야는 농업이다. 자신이 키운 수박이 뻘물에 떠내려가는 것을 보고는, "이리 뛰고 저리 뛰"며 "그 어떤 후레놈들이 햇빛과 바람과 비가 수박을 키운다고" "되먹지도 않은 설레발을 쳐댔더란 말인가"라고 악다구니 썼던 경험, 즉 자연의 흐름에 순응하며 이루어지는 노동의 소중함을 가르쳐준 그 경험은 한미 에프티에이가 본격화되면 이제 그 누구도 겪지 못하게 될 것이다. 에프티에이로 수박농사 자체가 없어질 가능성이 크기 때문이다.

그렇다고, 현재 농민을 포함한 민중에게 궁핍의 압력이 가해지고 있다고 해서 예전의 농가가 잘 살았다는 것은 아니다. "하양과 연분홍의 꽃잎이 들판 가득/춘삼월의 배고픔을 퍼뜨"렸던, "보릿고개 넘어가던 동네 사람들 어깨마다/아지랑이처럼 노란 해가 내려앉아 있었"(「자운영꽃 나비 떼」)던 시절을 농민들은 살아야 했던 것이다. 하지만 그 시절 마을의 "서툰 풍경"은 자연과 같은 고요함과 아름다움을 품고 있었다. 이 시의 후반부를 읽어보자.

> 도랑이나 덤붕가에 모여든 아이들은
> 말밤이며 꼬꾸랑에 올비를 따 허기를 달래고
> 덜 여문 감자 끄댕이를 헤집거나
> 동네 당산나무 크고 넓은 가난 아래로 모여들면
> 마을은 고요의 이름을 달고 그냥 엎드려 있었다.

무엇 하나 이룰 수 없는 것이 없었고
무엇 하나 할 수 있는 것도 없었던
그 높은 봄날 하늘 아래
진정 이름이 예쁜 자운영꽃 무리졌는데
맨발에 눈이 크고 검은 아이들 머리 위로
온갖 나비 떼 훨훨 날고 있었다

"무엇 하나 할 수 있는 것도 없었"지만 또한 "무엇 하나 이룰 수 없는 것이 없었"던, 저기 당산나무의 그림자처럼 "그냥 엎드려 있었"던 마을. 그 마을에서의 삶은 "올비를 따 허기를 달래"야 할 정도로 가난했지만, "크고 넓"었다. 그 삶은 자연과 닮은 삶이었기 때문이다. 그러한 삶을 살고 있는 맨발의 "아이들", 이들 머리 위로" "훨훨 날고 있"는 "온갖 나비 떼"는 그 삶을 축복하기 위한 자연의 선물처럼 보인다. 그런데 신자유주의 사회는 '부'의 이름으로 저 마을을 없애버리려고 하는 것이다. 이제 저 마을의 삶은 다시 재생될 수 없는 과거의 무엇으로 되어가고 있다. 이제 저 마을은 추억의 대상이 되어버릴 것이다. 시인의 그리움은 바로 저 예쁜 자운영꽃이 무리지어 있는 마을로 향해 있을 테다.

시인이 저 그리움의 대상인 옛 시절의 마을을 이렇듯 시에 재현하고 있는 것은, 그가 리얼리스트적인 비판 의식을 잃지 않았다는 면에서 생각하면, 현대 사회에 의해 파괴되고 있는 자연적인 삶을 시로서나마 재생시킨다는 사회적 의미를 가지고 있다고 할 것이다. 그 작업은 잉여노동만이 선이 되는 이 광

포한 사회에서 자연적인 삶의 아름다움을 지키고자 하는 것이다. 더 나아가 시인은 자연의 삶 자체가 가지고 있는 어떤 힘을 발견하고 이를 시화詩化함으로써 현대인들이 잃어버리고 있는 삶의 활력을 되찾고자 한다. 특히 아래의 시 「봄」이, 자연이 갖고 있는 생명력을 주제로 삼고 있는 것으로 보인다.

산을 넘어 오는 것이 아니랍니다
바다를 건너오는 것도 아니랍니다
가만히 있어도 봄은 온답니다
갈피갈피 스며드는 꽃샘눈의 한기를 밀어내며
삼라만상의 찬송 속에
만인의 복음으로 오시는 발걸음 소리
그대와 나의 가슴 어디에서
안쓰럽게 안쓰럽게 돋아나는 것이랍니다
땅빈대, 개불알풀, 노루오줌, 돼지풀, 며느리밑씻개, 홀아비꽃대
어디서 이런 이름표를 달았을까요
잎은 잎대로 꽃대는 꽃대대로
꽃잎은 또 꽃잎들대로 봄숲을 가꾸는 모양새라니요
아픔, 슬픔, 불경기의 옷을 벗어버리고
저 아름다운 노동의 흔적 좀 보세요
봄이란 놈 일가창립一家創立 중이랍니다

이 시에 따르면, 봄은 외부에서 이 땅으로 날아오는 무엇이

아니다. 봄은 "가만히 있어도" 자연스레 온다. 하지만 그냥 오는 것은 아니다. "꽃샘눈의 한기를 밀어내"면서 "안쓰럽게 돋아나는 것"이다. 밀어내고 돋아나는 "아름다운 노동"을 통해 "땅빈대, 개불알풀, 노루오줌, 돼지풀, 며느리밑씻개, 홀아비꽃대"는 돋아날 수 있는 것이다. 자연 역시 인간처럼 노동을 통해 "아픔, 슬픔, 불경기의 옷을 벗어버"리며 봄을 생산한다. 여기서의 노동은 신자유주의의 '선'인 '잉여노동'과는 다른 의미를 갖는다. 잉여노동은 자본의 이윤을 극대화시키기 위해 필요한 노동 이상으로, 즉 잉여로 행하는 노동을 말한다. 현 사회에서 생계에 내몰린 사람들은 적은 보수를 받으며 이 잉여노동을 행해야만 한다. 하지만 저 자연의 노동은 자신의 본성에 알맞게, 필요할 정도만 봄을 생산한다. 저 자연에게서 봄을 생산하는 노동은 자신의 본질이며 순수한 삶 자체다. 이와 마찬가지로 자연의 운행에 순응하며 이루어지는 인간의 노동 역시 인간의 본질이며 삶 자체일 것이다.

그런데 자연의 노동 및 이에 순응하는 인간의 노동이 가지고 있는 특질 중 하나는 '반복'이다. 자연은 봄이 오면 어김없이 꽃잎과 풀들을 밀어 올린다. 물론 그 꽃잎은 시간이 되면 질 것이다. 하지만 다음 해 봄이 오면 자연은 또 다시 꽃잎을 밀어 올리는 일을 반복한다. 농부의 노동 역시 마찬가지다. 씨 뿌리고 거두는 노동을 농부는 매년 반복한다. 이 노동을 꾸준하게 반복하는 자연으로부터 시인은 현대 사회에서 생을 버틸 수 있는 어떤 힘을 발견한다.

깊은 산 높은 곳엔 첫눈이 오셨겠지요
피붙이 일가붙이 가릴 거 없던 시간을 지나
텅 비었습니다 들이며 산이며 다 비었습니다
짚단을 싣고 경운기 한 대가 탈탈거리며
동지 서릿발을 기다리는 뙈기밭 언저리
결실과 풍요의 옆구리를 에돌아
붉게 물든 서쪽 하늘 아래로 잠기어 갑니다
툇마루 옹이구멍을 메운 손길로
당길문 문풍지를 바릅니다
늙은 아버지의 마디 굵은 손가락이 아려 옵니다
미완성의 하루가 저뭅니다
다시 어둠을 밀며 하루가 오겠지요
반복 속에 초심이 있고
그 반복의 힘이 생을 버티는 작대기입니다

–「입동 무렵 2」

이제 첫눈이 오고, "들이며 산이며 다" 비어버리는 시간이 되었다. 짚단을 실은 경운기 한 대는 "결실과 풍요의 옆구리를 에돌아/붉게 물든 서쪽 하늘 아래로 잠기어" 간다. 늙은 아버지는 "툇마루 옹이구멍을" 메우고 겨울 바람을 막기 위해서 "당길문 문풍지를" 바른다. 그러나 오늘도 미완성인 채로 하루가 저문다. 이제 적막과 궁핍의 시간이 올 것이다. 하지만 자연은 "다시 어둠을 밀"어내며 또 다른 하루를 생산할 테다. 늙은 아버지가 이 궁핍을 견디고 내년에도 또 노동을 반복할 것이듯이. 반복을 통해 항상 삶은 '초심'으로 돌아갈 수 있으며, 초심은 삶을 견딜 수 있게 만들 것이다. 그래서 시인은 "그 반복의 힘이 생을 버티는 작대기"라고 말한다. 자연과 아버지가 행하는 노동의 반복을 보면서 시인은 생을 버틸 수 있게 하는 작대기 하나를 얻는다.

이월춘 시인이 시를 쓰는 이유는 이 작대기-버팀목-를 발견하기 위해서가 아니겠는가. 그는 더 나아가 이 잉여노동을 강요하는 사회에서 자신의 시가 타인들에게 생을 버틸 수 있는 작대기가 될 수 있기를 기대하기도 할 것이다. 자연으로부터 삶의 힘을 배우고자 하는 시인의 태도는 저기 "거짓이나 위선 앞에서도 끝내 침묵하고 마는 우리들 앞으로/보아란 듯 당당하게 흘러가는" "붉누런 흙탕물"에서도 "그제나 오늘이나 변한 것은 시대가 아니라 사람이니/스스로 비겁한 지혜를 따르고 있지 않았는지/自問하고 自答할 일이라는 붉고 누런 저 말씀들"(「탁류濁流」)을 듣는 귀를 가지게 된다. 「수련睡蓮」에서도 시인은, 저 수련을 관찰하면서 삶의 본질을, 시간을, 그리고 삶과 시의 관계에 대해 명상한다. 다시 읽어본다.

> 수련은 민무늬의 추억을 갖고 있다
> 그 추억의 쇄골에 어깨를 기대고
> 햇빛이 가장 순수하고 뜨거울 때
> 가벼운 번민 하나 없이
> 단 사흘을 피고 지고 피고 지다가
> 영원히 물로 돌아가 침묵 속에 잠기는 수련

찰나의 문을 지나 영원으로 들어가는 몰입의 의미여
침묵과 고요 속에서
말이 이루어지고 스스로 깊어가는 수련이여
가난하고 고단하지만 땀 냄새를 아는 이가
짧은 만남, 긴 추억의 생을
궁글리고 있는 시간의 갈피에서
비에 젖은 몸과 마음이 마를 때까지
어둑살 내릴 무렵
길고긴 잠을 데리고 들어가
기다리고 또 기다린다 수련처럼

—「수련睡蓮」

서두에서 읽었던 시 「사이」에서의 사유가 이 시에서 더욱 깊어지고 있다. 「사이」는 발화와 심정 사이의 긴장이 좋은 서정시를 탄생시킨다는 내용을 갖고 있는 시였다. 그런데 「수련」에서 시인은, 말과 침묵 사이의 긴장보다는 침묵 속에서 이루어지는 말의 형성에 대해 생각하고 있다. 수련은 시인이 말하듯이 "햇빛이 가장 순수하고 뜨거울 때" "가벼운 번민 하나 없이/단 사흘을 피고"는 곧 져버린다. 긴 침묵 속으로 들어가 버리는 것이다. 하지만 시인은 그 침묵이 결코 무無가 아니라고 말한다. 그 침묵은 "영원으로 들어가는 몰입"이며, 그 몰입을 통해 "말이 이루어지고" 또한 수련 "스스로 깊어가"고 있다는 것이다. 영원의 시간으로 들어가 깊어가기, 그 과정에서 말을 이루어내기. 비록 찰나 꽃을 피울지라도 수련은 저렇게 고단한 일을 침묵 속에서 행하고 있다는 것이다. 아마도 이월춘 시인은, 저 침묵 속에서 무엇인가에 몰입하고 있는 수련에서 진정한 시인의 자세를 발견하고 있는 것으로 생각된다. 즉 시인 역시 저 수련처럼 찰나의 꽃을 피우기 위해 영원으로 들어가 몰입할 수 있어야 한다고 이 시인은 생각하고 있을 것이다. "가난하고 고단하지만 땀 냄새를 아는 이"가 등장하고 있는 것은 그 때문일 테다. 수련과 겹쳐지면서 나타난 '그'–"땀 냄새를 아는 이"–는 바로 이 시인이 생각하는 진정한 시인의 모습일 것이다. '그'는 수련이 찰나의 꽃을 피우고 긴 침묵에 들어가는 것처럼 "짧은 만남, 긴 추억의 생을/궁글리"면서 "기다리고 또 기다"리고 있다. '그'는 그 기다림이라는 "시간의 갈피"에서 그대를 추억하고 있는 것이다. 다시 말해 '그'는 그대를 그리워하고 있다. 그리고 그 그리움 속에서 말이 이루어지고 있을 것이며, 동시에 '그' 스스로 깊어져가고 있을 것이다. 그리하여 '그' 역시 수련처럼 언젠가 "햇빛이 가장 순수하고 뜨거울 때" 꽃 같은 시를 다시 피우게 될 테다. 시를 '피우는' 그 과정에서, 매년 땀 흘리며 봄을 생산하는 자연처럼, '그'는 반복의 힘을 갖게 될 것이다. 생의 버팀목을 얻게 될 것이다. "영원으로 들어가는 몰입" 속에서. 그 지독한 그리움 속에서.

이 월 춘 | 1957년 경남 창원에서 태어나 경남대 국어교육과와 동 교육대학원을 졸업했다. 1986년 무크 『지평』을 통해 작품 활동을 시작했고 시집 『칠판지우개를 들고』 『동짓달 미나리』 『추억의 본질』 『그늘의 힘』, 편저 『벚꽃 피는 마을』, 공저 『비 내리고 바람 불더니』가 있다. 『계간진해』 『시와생명』 『경남문학』 편집위원을 역임했고 경남시인협회 부회장, 한국작가회의, 경남문협, 진해문협 회원, 경남문협, 경남문학관, 김달진문학관 이사로 활동하고 있다. 2008년 김달진문학상 월하진해문학상을 수상했고 진해남중학교를 거쳐 진해중앙고등학교에 재직 중이다.

문학의전당 · 시인선 82
산과 물의 발자국

초판인쇄 2009년 10월 20일
초판발행 2009년 10월 25일

지 은 이 이월춘
펴 낸 이 김충규
펴 낸 곳 문학의전당
출판등록 제387-2003-00048호(2003년 9월 8일)

주 소 121-718 서울특별시 마포구 공덕2동 404번지 풍림VIP빌딩 202호
전화번호 02-852-1977
팩시밀리 02-852-1978
블 로 그 http://blog.naver.com/mhjd2003
전자우편 mhjd2003@naver.com

I S B N 978-89-93481-39-6 03810